Reiner Scheel

B. Russells "Probleme der Philosophie": Studie zum 11. Kapitel - Intuitive Erkenntnis

GRIN Verlag

Bibliografische Information der Deutschen Nationalbibliothek:

Die Deutsche Bibliothek verzeichnet diese Publikation in der Deutschen National-
bibliografie; detaillierte bibliografische Daten sind im Internet über http://dnb.d-
nb.de/ abrufbar.

Impressum:

Copyright © 2001 GRIN Verlag GmbH
Druck und Bindung: Books on Demand GmbH, Norderstedt Germany
ISBN: 978-3-638-77271-6

Dieses Buch bei GRIN:

http://www.grin.com/de/e-book/42658/b-russells-probleme-der-philosophie-studie-
zum-11-kapitel-intuitive

GRIN - Your knowledge has value

Der GRIN Verlag publiziert seit 1998 wissenschaftliche Arbeiten von Studenten, Hochschullehrern und anderen Akademikern als eBook und gedrucktes Buch. Die Verlagswebsite www.grin.com ist die ideale Plattform zur Veröffentlichung von Hausarbeiten, Abschlussarbeiten, wissenschaftlichen Aufsätzen, Dissertationen und Fachbüchern.

HEINRICH-HEINE-UNIVERSITÄT DÜSSELDORF

- PHILOSOPHISCHES INSTITUT -

Wintersemester 2000/2001

Proseminar: Bertrand Russell – Probleme der Philosophie

Thema der Hausarbeit: Studie zum 11. Kapitel – Intuitive Erkenntnis

Angestrebter Abschluss: Magister Artium
Fächerkombination: Philosophie (Hauptfach) und
Germanistik (Nebenfach)

Textgrundlage

Bertrand Russell	Probleme der Philosophie
	23. Auflage Frankfurt/M. 1999

Gliederung

I. Vorbemerkung

Das Thema der vorliegenden Hausarbeit ist identisch mit dem Thema des ebenfalls vom Verfasser gehaltenen Referats vom 23.01.2001. Die Darstellung des 11. Kapitels ist bewusst breit angelegt worden. Sollte bei der Lektüre ein ähnlicher Eindruck von der Einordnung besagten Kapitels in den Gesamtduktus entstehen, so möge dies als Indiz für detaillierte Textkenntnis gewertet werden. Der Verfasser wünscht dem Leser viel Vergnügen bei der Lektüre.

II. Einordnung des 11. Kapitels in den Gesamtduktus des Textes

Russell beginnt die „Probleme der Philosophie" im 1. Kapitel mit der Differenzierung von Erscheinung und Wirklichkeit. Die sinnliche Wahrnehmung vermittelt danach dem Individuum nur die Erscheinung eines Gegenstandes – die sog. Sinnesdaten – und nicht die Wahrheit über den Gegenstand in dessen unabhängiger Existenz. In Kapitel 2 bemüht der Autor die instinktiven Überzeugungen, welche ohne schlüssigen Beweis als plausibel annehmen lassen, dass die Sinnesdaten tatsächlich Zeichen für die Existenz von den Wahrnehmungen des Betrachters unabhängiger Dinge sind. Das innere Wesen dieser physikalischen Gegenstände selbst bleibt – als Resultat der Reflexionen im 3. Kapitel – für die sinnliche Wahrnehmung unerkennbar; allein die Eigenschaften der Beziehungen zwischen den physikalischen Gegenständen können analog den Beziehungen zwischen den Sinnesdaten abgeleitet werden. In Kapitel 4 verwirft Russell den Idealismus allgemein und die Argumentation seines Vertreters Berkeley im besonderen. Die Erkenntnis durch „Bekanntschaft" und „Beschreibung" ist das Thema des 5. Kapitels. Danach stellt Bekanntschaft eine direkte, ohne Herleitung aus Konklusionen oder vorhergegangene Erkenntnis von Wahrheiten erfolgende, Bewusstwerdung dar. Bekannt sind uns die eigenen Sinnesdaten, allgemeine Ideen (sog. Universalien) und das eigene Ich; darüber hinaus findet Bekanntschaft durch Introspektion (=Selbstbewusstsein) und im Gedächtnis statt. Auf das Gedächtnis wird Russell in Kapitel 11 noch einmal zurückkommen. Die zweite Erkenntnisform der Beschreibung beinhaltet jeden Ausdruck der Form „ein so-und-so" oder „der (die, das) so-und-so"; Beispiele sind „ein Mann" als mehrdeutige und „der Mann mit der eisernen Maske" oder Namen wie Bismarck oder London als eindeutige Beschreibungen. Mit der Erkenntnis durch Beschreibung erhält das Individuum die Möglichkeit, die Schranken seiner persönlichen Erfahrung zu überwinden.

In Kapitel 6 behandelt der Autor das Induktionsprinzip: Dieses ist für die Geltung aller auf Erfahrung beruhenden Schlussfolgerungen unverzichtbar; es kann aber selbst nicht durch die Erfahrung bewiesen werden. Trotzdem wird es ohne weitere Zweifel – zumindest im konkreten Anwendungsfall – allgemein für wahr gehalten. Neben dem Induktionsgrundsatz haben auch andere allgemeine sowie die logischen und mathematischen Prinzipien und die ethischen Werte diese Eigenschaft der Evidenz, was im 7. Kapitel erstmals dargestellt wird. Mit der Anerkennung dieses apriorischen Wissens stellt sich Russell im Streit zwischen Empiristen und Rationalisten diesbezüglich auf die Seite der letzteren. Die genannten Prinzipien sind zwar von der Erfahrung logisch unabhängiges Wissen und somit durch diese nicht beweisbar, jedoch werden sie erst durch Erfahrung hervorgerufen. Insofern gibt der Verfasser also auch den Empiristen teilweise recht. Das Kapitel 8 befasst sich mit der Philosophie Immanuel Kants im Hinblick auf die Möglichkeit apriorischer Erkenntnis. Im Ergebnis begreift Russell apriorisches Wissen nicht nur als ein Wissen von der Verfassung des Bewusstseins, sondern wendet es auch auf alles nicht zum Bewusstsein Zählende an. Problematisch bleibt aber die Einordnung von derartigen Beziehungen, wie sie beispielsweise mit dem Wort „in" in dem Satz „Ich befinde mich in meinem Zimmer" ausgedrückt werden. Da die Wahrheit dieses Satzes nicht durch das Denken festgestellt werden kann, können Beziehungen weder im Bewusstsein noch in der Außenwelt lokalisiert werden. Im 9. Kapitel kommt der Autor daher wieder auf die aus Kapitel 5 bekannten Universalien in Synonymie zu Platons „Ideen" zurück, deren Bekanntschaft Voraussetzung für die Erkenntnis von Wahrheiten ist. Zu diesen Universalien sind nicht nur die durch Substantive und Adjektive beschriebenen zu zählen, sondern auch die durch Verben oder Präpositionen wie „in" im obigen Beispiel. Die Universalien wie „Schwärze" oder „Gerechtigkeit" sind – unabhängig vom Bewusstsein – keine Denkakte, vielmehr bestehen sie – im Falle ihres Erkanntwerdens – als Gegenstände des Denkens. Mit Hilfe der Universalien löst Russell im 10. Kapitel das Problem apriorischer Erkenntnis: Diese hat es ausschließlich mit Bezie-

hungen zwischen Universalien zu tun. Zwar ist auch eine empirische Verallgemeinerung wie „Alle Menschen sind sterblich" bei Kenntnis der in ihr vorkom-
menden Universalien „Mensch" und „sterblich" zu verstehen; die Verschiedenheit
zwischen einer empirischen Verallgemeinerung und einer allgemeinen apriorischen Aussage besteht nicht im Bedeutungsunterschied beider Sätze, sondern wird
aus deren differenten Begründung ersichtlich: Empirische Verallgemeinerungen
werden aus Einzelfällen (=induktiv) hergeleitet und ergeben sich nicht aus einem
Nachweis apriorischer Verknüpfungen zwischen Universalien wie in Logik und
Arithmetik.

Während Russell bisher namentlich in Kapitel 5 mit Bekanntschaft und Beschreibung die unmittelbare und mittelbare Erkenntnis von *Dingen* behandelte, gelangt
er im 11. Kapitel zur Untersuchung der unmittelbaren Erkenntnis von *Wahrheiten*.
Diese Erkenntnisart wird – wie im Untertitel – „intuitive Erkenntnis" genannt; die
auf diese Weise erkannten Wahrheiten werden als „evident" charakterisiert.

III. Zusammenfassende Darstellung des 11. Kapitels

Zu Beginn verweist Russell auf die weit verbreitete Ansicht der Beweisbarkeit
einer jeden menschlichen Meinung. Diese Ansicht resultiert aus dem nicht unbe-
rechtigten Gefühl, eine nicht begründbare müsse zugleich eine unvernünftige
Meinung sein. Die Annahmen des Alltags werden regelmäßig mit anderen Meinungen begründet oder gelten als mittels der anderen Meinungen begründbar; die
eigentlichen Begründungen werden dagegen den Individuen erst gar nicht bewusst
oder sind vergessen worden. Der Verfasser illustriert dies mit der Gedankenlosig-
keit während der Nahrungsaufnahme hinsichtlich einer doch zumindest potentiel-
len Vergiftung der Mahlzeit. Bei einem entsprechenden Hinweis wäre zwar nicht
sofort eine befriedigende Begründung für die unbedenkliche Genießbarkeit des
Essens zu erwarten, nichtsdestotrotz hätte jeder Speisende das Gefühl, ein solcher
Grund lasse sich hierfür finden.

Russell imaginiert nun einen immer weiter nach Gründen fragenden Sokrates und
prophezeit dessen Gesprächspartner die baldige Ausschöpfung von Antwortmög-
lichkeiten: Bei der Hinterfragung einer Alltagsmeinung nach dessen Ursache stellen sich immer neue Ursachen heraus; schließlich gelangt man zu einem gene-

rellen Prinzip oder dessen Anwendung, welches – nicht weiter ableitbar – als völlig evident erscheint. So wird die Frage nach der Genießbarkeit der aufgetischten Mahlzeit letztlich mit Hilfe des Induktionsprinzips beantwortet werden müssen.

Dies hatte Russell in Kapitel 6 auf Seite 60 mit den zwei folgenden Sätzen dargestellt:

„a) Je größer die Zahl von Fällen ist, in denen ein Ding der Art A mit einem Ding der Art B verknüpft gefunden worden ist, um so wahrscheinlicher ist es – wenn die Verknüpfung in keinem bekannten Fall ausgeblieben ist -, dass A immer mit B verknüpft ist;

b) unter den gleichen Bedingungen wird eine hinreichend große Zahl von Fällen, in denen A mit B verknüpft ist, es nahezu gewiss machen, dass A immer mit B verknüpft ist, und die wahrscheinliche Gültigkeit dieses allgemeinen Gesetzes wird der Gewissheit beliebig nahekommen." (asyntotische Annäherung)

Bei der alltäglichen Reflexion wird das Induktionsprinzip ständig und mehr oder weniger bewusst angewendet; dagegen existiert keine Begründung für die Ableitung des Induktionsgrundsatzes aus einem noch einfacheren und evidenteren Prinzip. Ebenso verhält es sich mit den anderen logischen Prinzipien: Zwar ist deren Wahrheit evident und sie werden für die Beweiskonstruktion verwendet, trotzdem lässt sich zumindest ein Teil von ihnen selbst nicht beweisen.

Sowohl die allgemeinen, nicht weiter beweisbaren Prinzipien als auch die übrigen, aus den ersteren abgeleiteten Grundsätze unterscheiden sich nicht zwingend hinsichtlich des Grades ihrer Evidenz. Beispielsweise ist die Arithmetik aus den allgemeinen Prinzipien der Logik herleitbar; ihre einfachen Sätze wie „zwei mal zwei ist vier" erreichen jedoch das gleiche Maß von Offensichtlichkeit wie ihre zugrundeliegenden Prinzipien.

Nur kurz weist Russell auf die Möglichkeit der Evidenz von ethischen Grundsätzen wie etwa „Wir sollten nach dem Guten streben" hin. Mit dem nächsten Beispiel vermittelt er dem Leser, dass die Anwendung allgemeiner Prinzipien auf populäre Dinge augenscheinlicher ist als die Prinzipien selbst: So ist der Satz vom Widerspruch, nichts könne eine Eigenschaft haben und gleichzeitig nicht haben, zwar nach kurzer Reflexion evident, jedoch nicht so plausibel wie der Sachverhalt, dass diese bestimmte Rose nicht im selben Moment rot und nicht rot sein könne. Allgemeine Prinzipien werden von Laien regelmäßig nur durch die Anschauung im konkreten Fall erkannt.

Nun führt Russell zwei neue Begriffe ein: Die „Wahrnehmungswahrheiten" rühren direkt von Empfindungen her und werden in „Wahrnehmungsurteilen" artikuliert. Zu ihrer Erläuterung stellt er auf die Sinnesdaten ab, die nicht wahr und nicht falsch sind. Bei der visuellen Wahrnehmung eines Farbflecks beispielsweise wird allein dessen Existenz festgestellt; eine Einordnung des Flecks als wahr oder falsch unterbleibt. Tatsächlich können nur bestimmte Merkmale des Farbflecks wie etwa seine Gestalt oder Intensität als wahr beurteilt werden; der Fleck selbst kann hingegen wie alle sinnlich wahrnehmbaren Dinge nicht als wahr oder falsch beschrieben werden. Die Wahrnehmungswahrheiten sind demnach sorgfältig von den Sinnesdaten, auf denen sie beruhen, zu unterscheiden.

Bei oberflächlicher Betrachtung sind die evidenten Wahrnehmungsurteile in zwei Arten zu untergliedern: Die erste als intuitives Wahrnehmungsurteil benannte Art stellt – ohne zusätzliche Analyse – die Existenz eines Sinnesdatums fest. So urteilt man nach Sichtung eines roten Flecks: „Dort ist ein roter Fleck." Sollte der Gegenstand der Wahrnehmung vielschichtiger sein und einer näheren Analyse unterzogen werden, wird die zweite Art Wahrnehmungsurteil gefällt. Falls ein *runder,* roter Fleck gesehen wird, lautet der Urteilsspruch: "Dieser rote Fleck ist rund." Das Sinnesdatum „Fleck" hat nun Farbe *und* Gestalt. Bei der Beurteilung wird das Sinnesdatum hinsichtlich beider Faktoren analysiert; darauf werden diese in dem Ausspruch, dass die rote Farbe eine runde Gestalt habe, miteinander verknüpft. Ähnlich verhält es sich bei dem Urteilsspruch „Dieses befindet sich rechts von jenem". Diesem Urteil liegt die gleichzeitige Betrachtung von „diesem" und „jenem" zugrunde. Beide stehen als Bestandteile eines Sinnesdatums in Beziehung zueinander und im Urteil wird diese Beziehung ausgedrückt.

Mit den „Erinnerungsurteilen" nennt der Verfasser eine weitere Gruppe von intuitiven Urteilen. Diese werden als mit den Wahrnehmungsurteilen teilweise verwandt und als teilweise völlig von jenen verschieden dargestellt. Russell weist darauf hin, dass die Erinnerung an einen Gegenstand häufig mit einem Bild des Gegenstandes erfolgt; dieses Bild ist aber nicht charakteristisch für das eigentliche Wesen der Erinnerung. Denn während das Bild der Gegenwart zuzuordnen ist,

9

existierte der erinnerte Gegenstand in der Vergangenheit. Weiterhin spricht die innere Vergleichsmöglichkeit von Bild und erinnertem Gegenstand dafür, dass im Bewusstsein der fragliche Gegenstand seinem Bild gegenübergestellt werden kann. Wesentlich für die Gedächtnisleistung ist mithin nicht ein Vorstellungsbild; vielmehr ist dem Bewusstsein ein Gegenstand unmittelbar gegeben, wobei dieser Gegenstand als vergangener identifiziert wird. Das Wissen um eine Vergangenheit ist wiederum abhängig von der Existenz des Erinnerungsvermögens; letzteres ist auch Voraussetzung für die Kenntnis der Bedeutung des Wortes „Vergangenheit".

Die Glaubhaftigkeit der intuitiven Erinnerungsurteile leidet unter der bekannten Unzuverlässigkeit des Gedächtnisses. Russell versucht, dieses Problem in den Griff zu bekommen, indem er sich zunächst einer sehr einfachen Definition bedient: Danach ist die Zuverlässigkeit des Gedächtnisses unmittelbar proportional zur Stärke und zeitlichen Distanz des fraglichen Ereignisses. Dies illustriert er an diversen Beispielen. So ist die Erinnerung an einen Blitzeinschlag im Nachbarhaus vor 30 Sekunden zuverlässiger als die an das Gesprächsthema beim Frühstück. Bei der Reflexion über den Tagesablauf fällt die Erinnerung an die verschiedenen Dinge unterschiedlich stark aus. Es existiert folglich eine nahezu ununterbrochene Abstufung von Evidenzgraden hinsichtlich der erinnerten Dinge; hierzu besteht eine analoge Abstufung der Zuverlässigkeit des Gedächtnisses.

Ein weiteres Problem stellen die Fälle von Täuschungen trotz festen Vertrauens in die Zuverlässigkeit des eigenen Gedächtnisses dar. So soll Georg IV. im fortgeschrittenen Alter von seiner Teilnahme an der Schlacht von Waterloo überzeugt gewesen sein, da er dies früher häufig behauptet hatte. Russell interpretiert diesen Irrtum dahingehend, dass Georg IV. sich möglicherweise unmittelbar an seine vielfach wiederholten Erzählungen erinnert habe. Dieser Glaube an die eigenen Behauptungen sei durch gedankliche Verknüpfung mit der erinnerten Behauptung ausgelöst worden. Folglich liege hier keine wirkliche Gedächtnistäuschung vor. Darüber hinaus könnten sich alle Varianten von Gedächtnistäuschung auf diese Art erläutern lassen, so dass es sich bei diesen Erscheinungen im engeren Sinne gar nicht um Täuschungen des Erinnerungsvermögens handelt. Bei der Problematisierung des Gedächtnisses ist eine wesentliche Eigenschaft der Evidenz deutlich geworden: Es existieren Abstufungen von Evidenz; diese Eigenschaft kann stärker oder schwächer vorliegen, graduell zwischen absoluter Gewissheit und einer nur noch dunklen Ahnung von Glaubhaftigkeit auftreten. Dabei kommt Wahrnehmungsurteilen und diversen logischen Grundsätzen der höchste Grad an Evidenz zu; ähnlich zuverlässig sind die Wahrheiten des Kurzzeitgedächtnisses. Dagegen ist bereits das Induktionsprinzip weniger gewiss, die Evidenz von Erinnerungen nimmt mit deren Alter und Schwäche ab, während logische und mathematische Prinzipien bei zunehmender Komplexität an Evidenz verlieren. Nur geringe Augenscheinlichkeit ist ethischen und ästhetischen Werturteilen zuzusprechen.

Für die Erkenntnistheorie hat die Abstufung der Evidenz Konsequenzen: Falls Sätze einen bestimmten Evidenzgrad haben können, ohne zugleich wahr zu sein, braucht man auf die Verbindung von Wahrheit und Evidenz nicht gänzlich zu verzichten. Vielmehr lässt sich für den Zweifelsfall feststellen, dass der evidentere Satz zuungunsten des weniger evidenten den Vorzug erhält.

Schließlich vermutet Russell die Möglichkeit einer Differenzierung zweier Bedeutungen von „Evidenz": Die erste Bedeutung entspricht dem höchsten Grad von Evidenz und leistet so eine Garantie für Wahrheit, während die zweite Bedeutung, weil sie allen anderen Graden von Evidenz entspricht, nur als unterschiedlich zuverlässige Bürgschaft zugelassen werden kann.

IV. Versuch einer Kritik

Kapitel 11 knüpft thematisch an die erste Hälfte des 5. Kapitels an. Dort hatte Russell die Erkenntnisform der Bekanntschaft von Dingen vorgestellt und als Beispiele u. a. die Bekanntschaft von Sinnesdaten und im Gedächtnis genannt. Bei der bloßen Erkenntnis von Dingen konnte der Autor im Rahmen seiner Erkenntnistheorie nicht verbleiben. So behandelt er in Kapitel 11 folgerichtig die Erkenntnis von Wahrheiten. Diese erfolgt als intuitive Erkenntnis ebenso unmittelbar wie die Bekanntschaft von Dingen; die o. g. Sinnesdaten kehren hier als Gegenstände von Wahrnehmungsurteilen wieder, während die Gedächtnisleistungen im Zusammenhang mit den Erinnerungsurteilen problematisiert werden.

Die Rückführbarkeit von Alltagsansichten auf evidente allgemeine Prinzipien, welche passend mittels der Vorstellung eines unnachgiebig fragenden Sokrates illustriert wird, entspricht ebenso der Lebenswirklichkeit wie die Behauptung höherer Evidenz der Anwendungen im Verhältnis zu den ihnen zugrundeliegenden allgemeinen Prinzipien. Dagegen dürfte die Herleitung der Arithmetik aus logischen Prinzipien auf einer Russell eher als dem Bearbeiter geläufigen korrekten mathematischen Begründung beruhen. Die Behauptung der Evidenz ethischer Prinzipien schließlich entzieht sich wegen fehlender Begründung jeglicher Kritik. Darüber hinaus ist eine Parallele bei der Charakterisierung von Universalien und Erinnerung festzustellen: Erstere werden auf Seite 88 als potentielle *Gegenstände* des Denkens definiert, bei dem Vorgang der Erinnerung operiert das Bewusstsein mit einem ihm unmittelbar gegebenen *Gegenstand*, den es als vergangen identifiziert.

Die Untersuchung zum Verhältnis der Evidenz der Erinnerungen und der Zuverlässigkeit des Gedächtnisses ist entsprechend der allgemeinen Lebenserfahrung plausibel. Jedoch ist die Schlussfolgerung aus dem Beispiel mit Georg IV., alle Gedächtnistäuschungen seien im engeren Sinne gar keine, nur dann stimmig, wenn auch eigene frühere Behauptungen betrachtet werden als Gegenstände, die dem Bewusstsein unmittelbar gegeben sind und als vergangene erkannt werden.

Duisburg, den 15.01.2001